Ich lerne lesen

... und richtig schreiben von Anfang an

Arbeitsheft 2

Dieses Heft gehört:

Cornelsen

Projektleitung: Claudia Passek
Projektleitung Cornelsen: Dorothee Weylandt / Chelsea Ledvinka, Berlin
Redaktion: Sibylle Krämer, Bayreuth
Illustration: Corina Beurenmeister, München; Kristina Klotz, München (Ölflasche, Überholverbotsschild)
Umschlaggestaltung: Corinna Babylon, Berlin
Umschlagillustrationen: Stern, Eis, Wal: Corina Beurenmeister, München; zerknittertes Papier: Corinna Babylon, Berlin
Technische Umsetzung: krauß-verlagsservice, Ederheim/Hürnheim

www.cornelsen.de

1. Auflage 2020

Ursprünglich als „Entdecke die Schrift“ (9783637014350) beim Oldenbourg Verlag (2015) erschienen.

Druck: Athesiadruck GmbH

ISBN 978-3-589-16686-2

PEFC zertifiziert
Dieses Produkt stammt aus nachhaltig bewirtschafteten Wäldern und kontrollierten Quellen.

www.pefc.de

Inhaltsverzeichnis

Arbeitsheft 2

Teil 2: Kurze und lange Vokale entdecken

Teil 3: Silbengelenke

Teil 4: Umlautschreibungen

Teil 5: Ausnahmen und Merkwörter

Inhaltsverzeichnis

Teil 1: Den Zweisilber entdecken

Teil 2: Kurze und lange Vokale entdecken

Verschiedene Aufgaben:

 Forscheraufgaben

 Leseaufgaben

 Schreibaufgaben oder Malaufgaben

 Sternchenaufgaben

Schätze dich selbst ein: 

 Das war leicht!

 Das war in Ordnung!

 Das war schwer! Ich brauche Hilfe.

Die Buchstabengruppe Sch sch

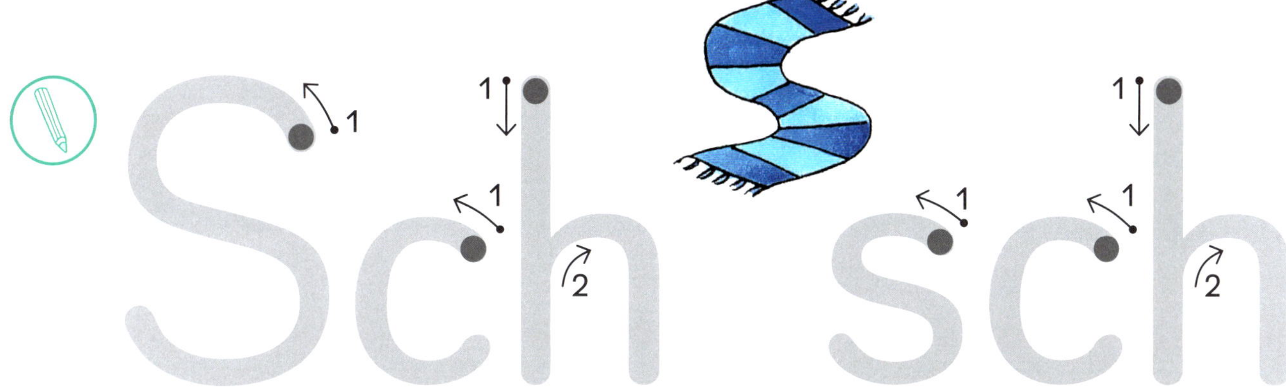

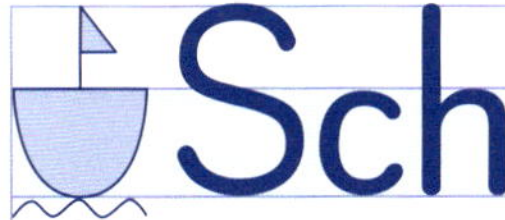

1. Spure die Buchstabengruppe nach.
2. Male und schreibe passende Bilder und Wörter zu der Buchstabengruppe.
3. Schreibe die neue Buchstabengruppe auf die Linien.

Das Bärenboot

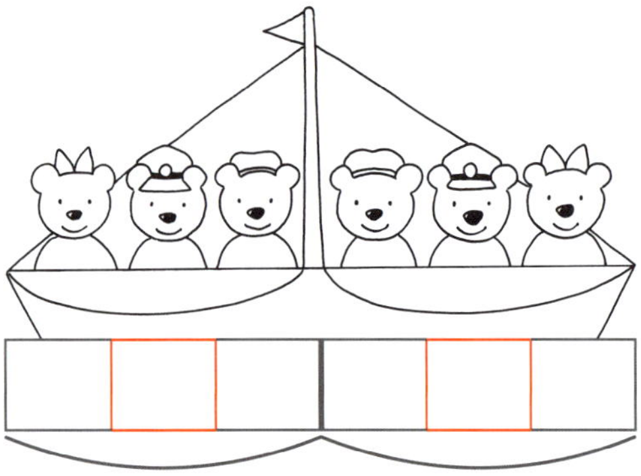

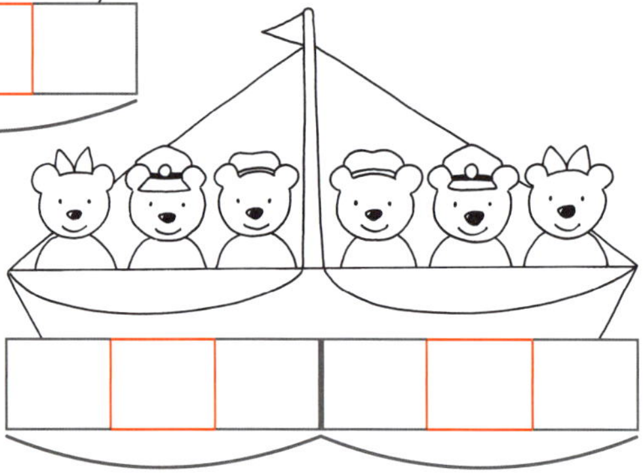

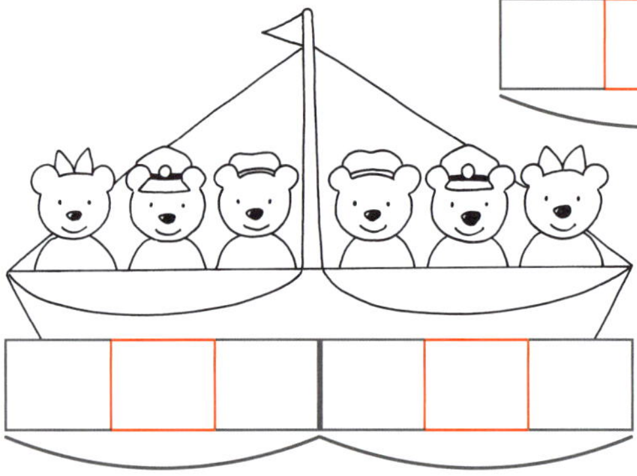

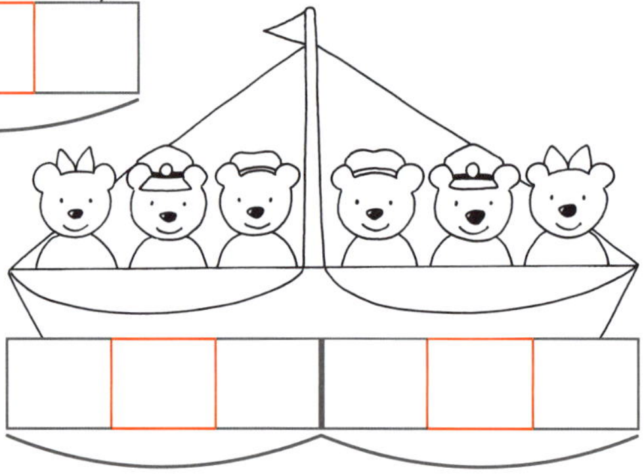

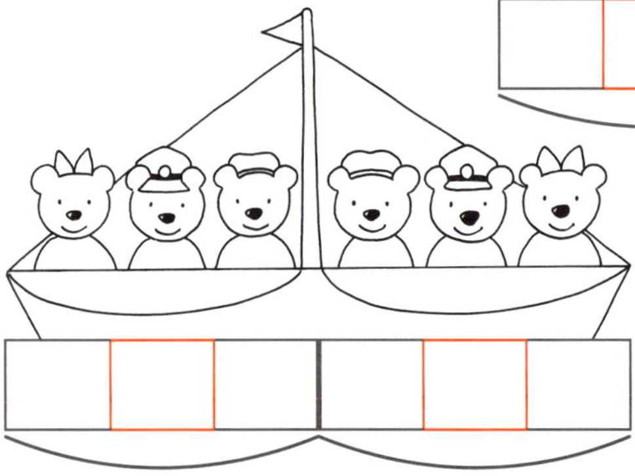

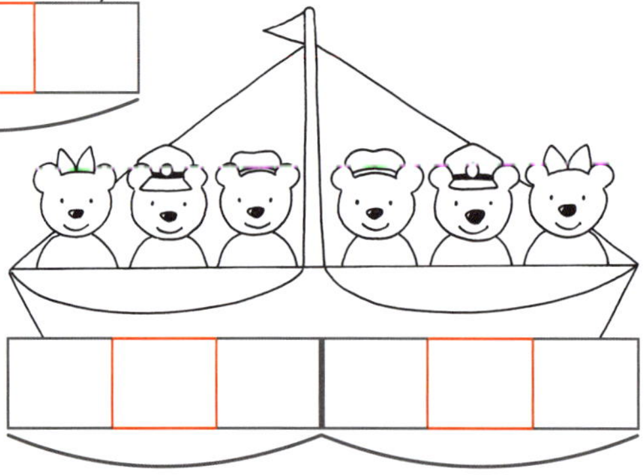

Wörter der Woche

die Schule

die Schuhe

der Uhu

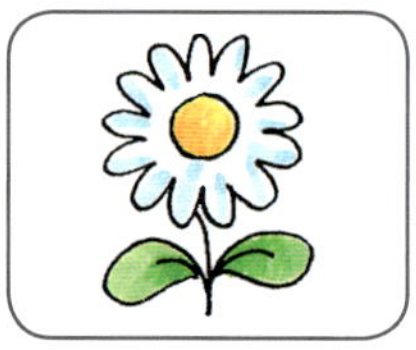

die Blume

die Bluse

die Kugel

1. Lies die Wörter der Woche und male die Silbenbögen.
2. Trage die Wörter in die richtigen Kästchen ein.

Silben verbinden Sch sch

he

se

hu

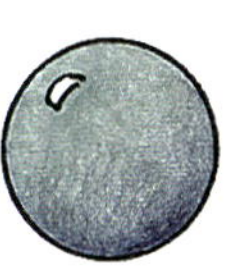

Ku

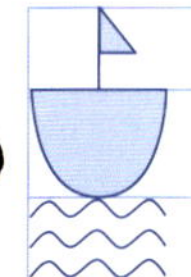

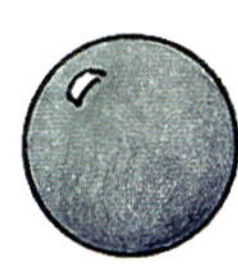

1. Verbinde die Silben zu Wörtern.
2. Schreibe die Wörter auf die Linien und male die Silbenbögen.

Die Wörter der Woche auf Linien Sch sch

Schule

Schuhe

Uhu

Blume

Bluse

Kugel

Das richtige Wort ankreuzen

☐ Schale
☐ Schal
☐ Schule

☐ Butter
☐ Blase
☐ Blume

☐ Schuhe
☐ Schatz
☐ Schiff

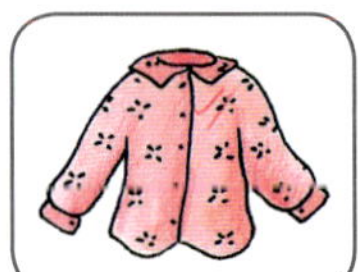

☐ Blume
☐ Bluse
☐ Baum

☐ Uhu
☐ Vogel
☐ Ara

☐ Kunde
☐ Kuss
☐ Kugel

1. Schreibe die Wörter der Woche auf die Linien und male die Silbenbögen.
2. ★ Kreuze das passende Wort an.

Das Buchstabenpaar 

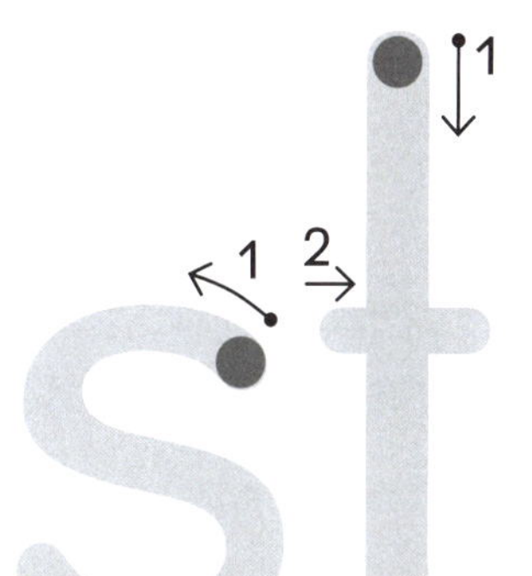

1. Spure das Buchstabenpaar nach.
2. Male und schreibe passende Bilder und Wörter zu dem Buchstabenpaar.
3. Schreibe das neue Buchstabenpaar auf die Linien.

Das Bärenboot

Wörter der Woche

die Stunde

die Hunde

turnen

die Schulden

die Gurke

die Murmel

1. Lies die Wörter der Woche und male die Silbenbögen.
2. Trage die Wörter in die richtigen Kästchen ein.

Wörter und Bilder verbinden 

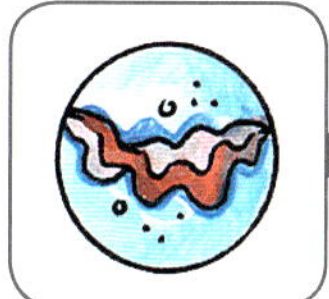 

Knobelsätze

Die Bären freuen sich im Winter auf den grünen Schnee.

Mika spielt schläft gern Fußball.

Jana liest viele Bücher Autos.

Samuel rechnet schwierige Blumen Aufgaben.

Jonas kann auf durch einem Bein stehen.

1. Lies die Wörter und verbinde sie mit dem richtigen Bild.
2. ★ Lies die Sätze. Streiche das unpassende Wort durch.

Stunde

Hunde

turnen

Das richtige Wort ankreuzen

- ☐ Stau
- ☐ Stamm
- ☐ Stunde

- ☐ Schulden
- ☐ Schaden
- ☐ Schatz

- ☐ Hut
- ☐ Hunde
- ☐ Hose

- ☐ Gans
- ☐ Gang
- ☐ Gurke

- ☐ toben
- ☐ turnen
- ☐ tanzen

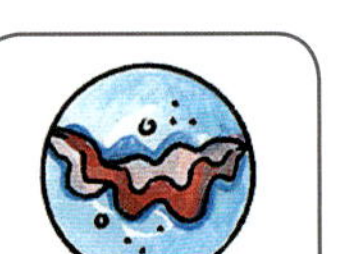

- ☐ Mann
- ☐ Frau
- ☐ Murmel

1. Schreibe die Wörter der Woche auf die Linien und male die Silbenbögen.
2. ★ Kreuze das passende Wort an.

Das Buchstabenpaar Sp sp

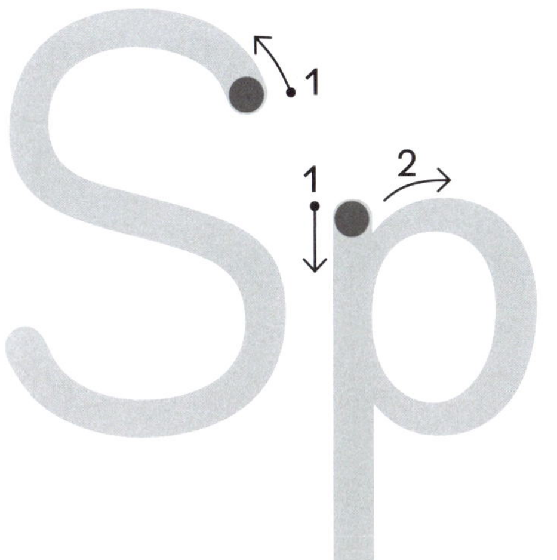

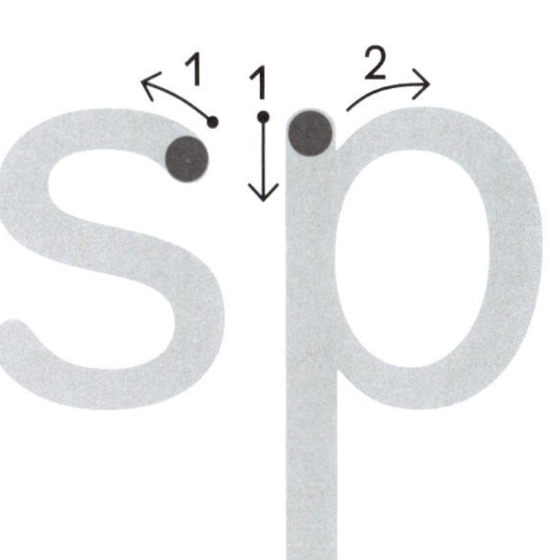

1. Spure das Buchstabenpaar nach.
2. Male und schreibe passende Bilder und Wörter zu dem Buchstabenpaar.
3. Schreibe das neue Buchstabenpaar auf die Linien.

Das Bärenboot

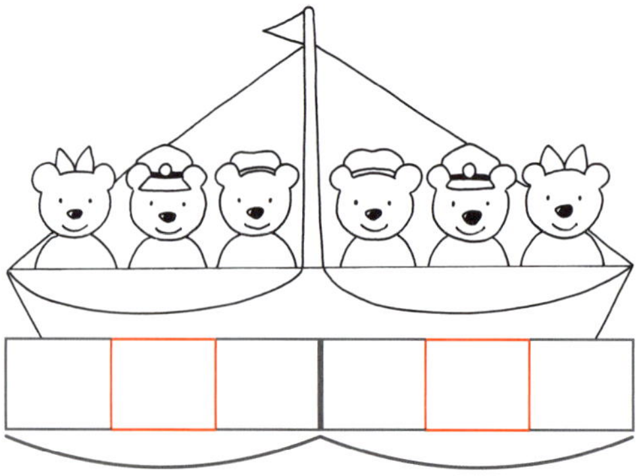

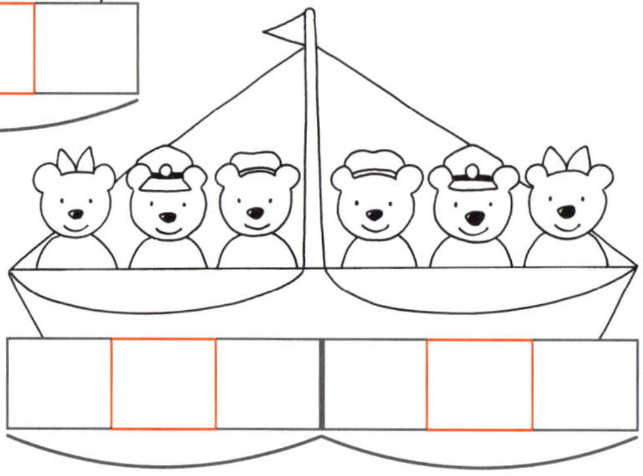

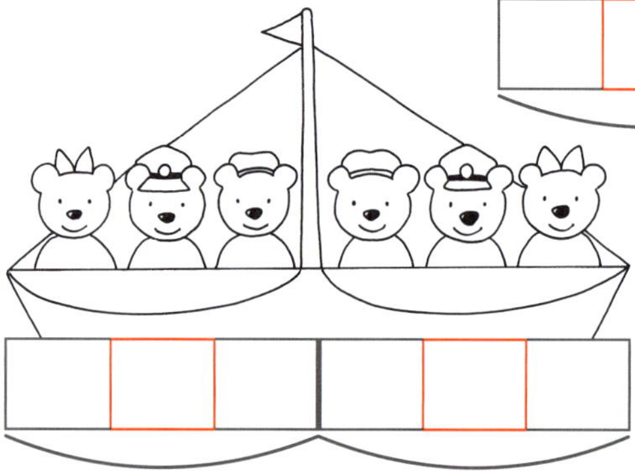

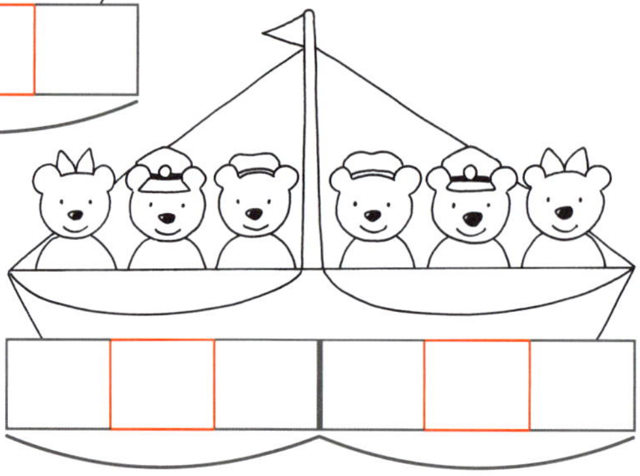

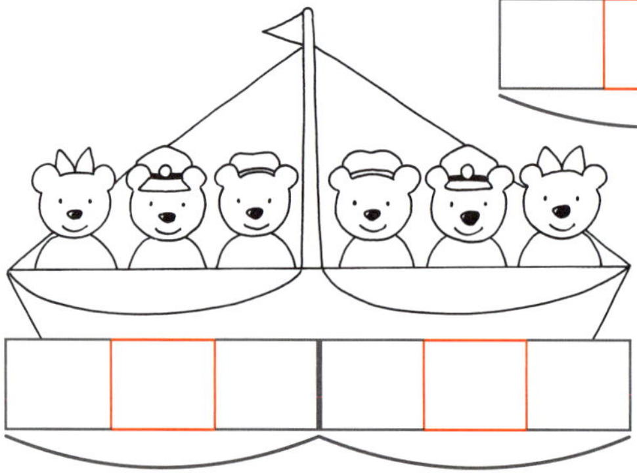

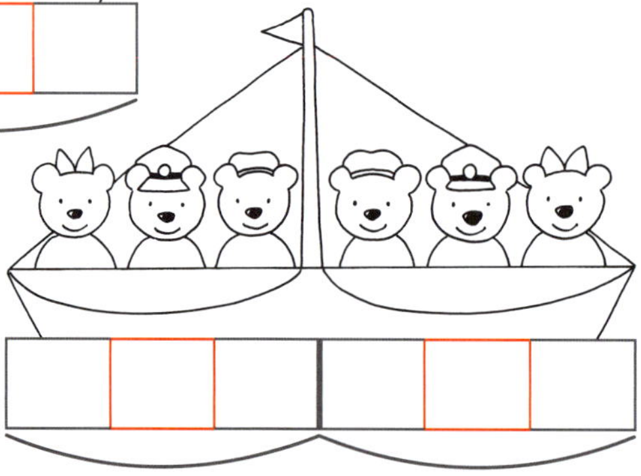

Wörter der Woche

der Spiegel

spielen

die Stiefel

die Fliege

die Stiere

schieben

1. Lies die Wörter der Woche und male die Silbenbögen.
2. Trage die Wörter in die richtigen Kästchen ein.

Silben verbinden 

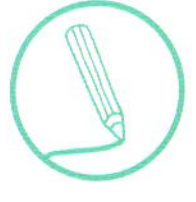

	Spie	fel		Flie	re
	spie	gel		Stie	ben 
	Stie	len		schie	ge 

 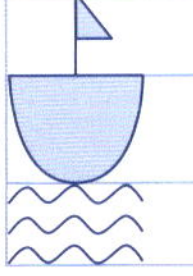  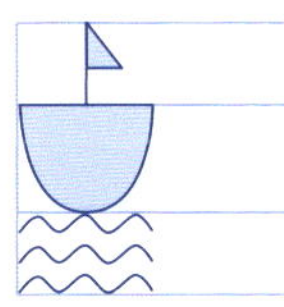

 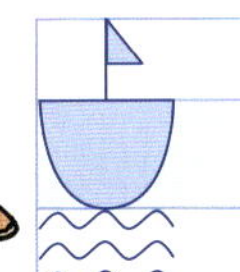  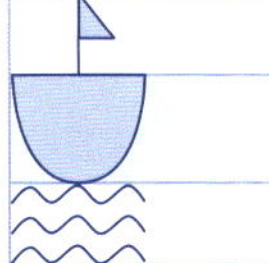

1. Verbinde die Silben zu Wörtern.
2. Schreibe die Wörter auf die Linien und male die Silbenbögen.

Die Wörter der Woche auf Linien Sp sp

Spiegel

spielen

Stiefel

Fliege

Stiere

schieben

Das richtige Wort ankreuzen

- ☐ Spargel
- ☐ Spiel
- ☐ Spiegel

- ☐ Fliege
- ☐ Flug
- ☐ Floh

- ☐ spielen
- ☐ tanzen
- ☐ singen

- ☐ Stau
- ☐ Stiere
- ☐ Tiere

- ☐ Stange
- ☐ Stiefel
- ☐ Stier

- ☐ heben
- ☐ geben
- ☐ schieben

1. Schreibe die Wörter der Woche auf die Linien und male die Silbenbögen.

★ 2. Kreuze das passende Wort an.

Der Buchstabe 

1 2 3 Z

1 2 3 z

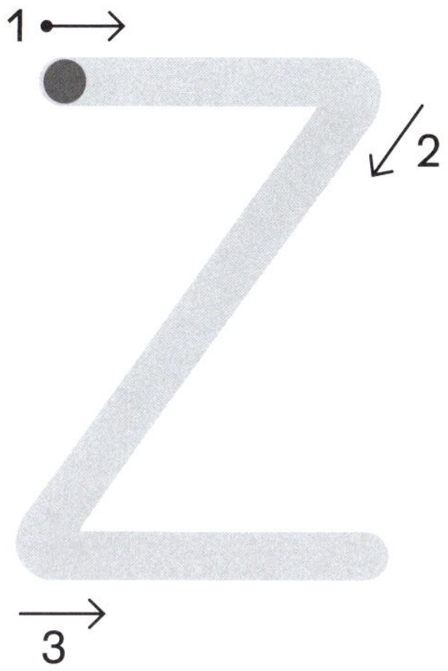

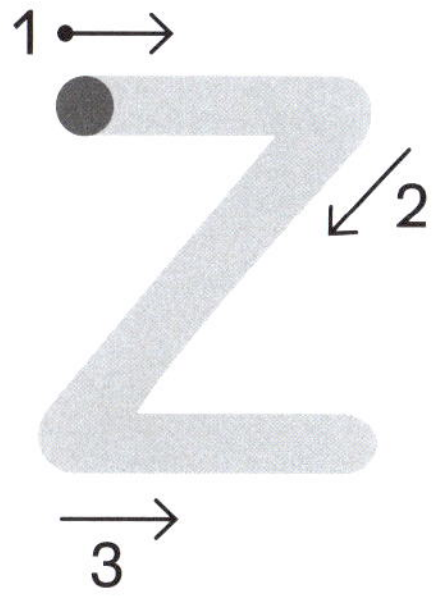

Z

z

Z

z

1. Spure den Buchstaben nach.
2. Male und schreibe passende Bilder und Wörter zu dem Buchstaben.
3. Schreibe den Buchstaben auf die Linien.

Kurzes i Z z

Das Bärenboot

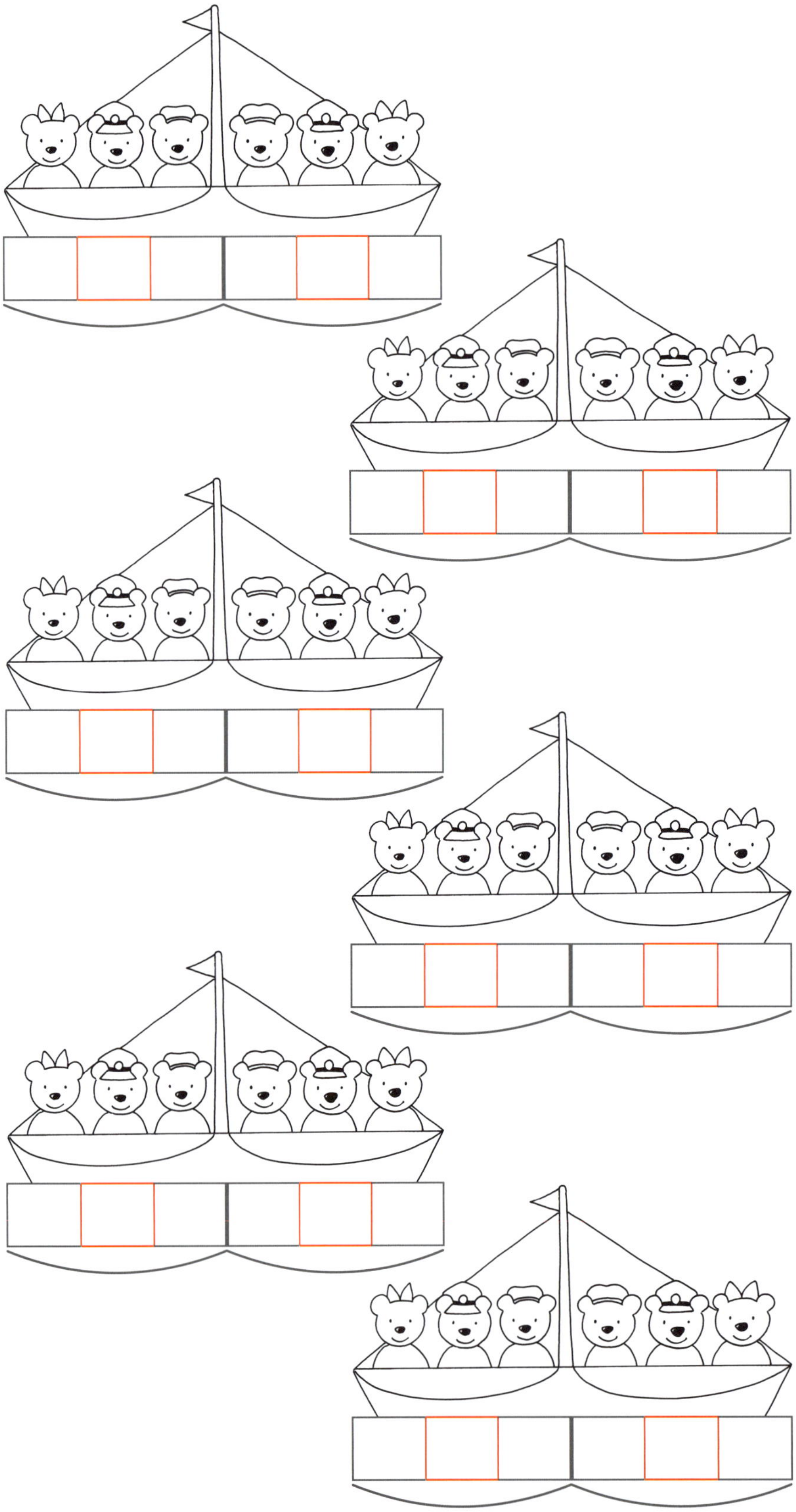

Wörter der Woche

stinken

zirpen

filzen

die Pilze

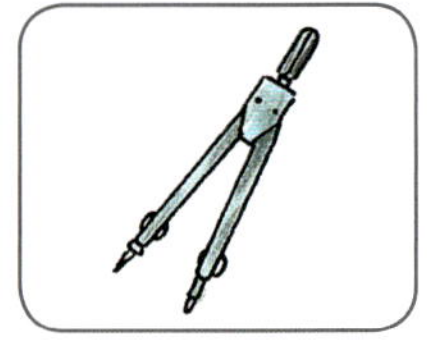

der Zirkel

der Zirkus

1. Lies die Wörter der Woche und male die Silbenbögen.
2. Trage die Wörter in die richtigen Kästchen ein.

Wörter und Bilder verbinden Z z

Knobelsätze

Giftige Pilze dürfen nicht Blume gegessen werden.

Der Kasper fragt die das Kinder im Theater.

Karim und Tino essen gerne gestern Gurke.

Die Prinzessin hat haben eine Wiege für ihre Puppe.

Die Ente und der Esel wollen auch in die Schule Haus gehen.

1. Lies die Wörter und verbinde sie mit dem richtigen Bild.
2. ★ Lies die Sätze. Streiche das unpassende Wort durch.

stinken

Das richtige Wort ankreuzen

- ☐ streiten
- ☐ stinken
- ☐ steil

- ☐ Pilze
- ☐ Papa
- ☐ Puma

- ☐ Zoo
- ☐ Ziel
- ☐ zirpen

- ☐ Zebra
- ☐ Zirkel
- ☐ Zahn

- ☐ fragen
- ☐ filzen
- ☐ fangen

- ☐ Zirkus
- ☐ Zähne
- ☐ Zaun

1. Schreibe die Wörter der Woche auf die Linien und male die Silbenbögen.

★ 2. Kreuze das passende Wort an.

Der Buchstabe 

1. Spure den Buchstaben nach.
2. Male und schreibe passende Bilder und Wörter zu dem Buchstaben.
3. Schreibe den Buchstaben auf die Linien.

Offene betonte erste Silbe, scharfes ß in der zweiten Silbe

Das Bärenboot

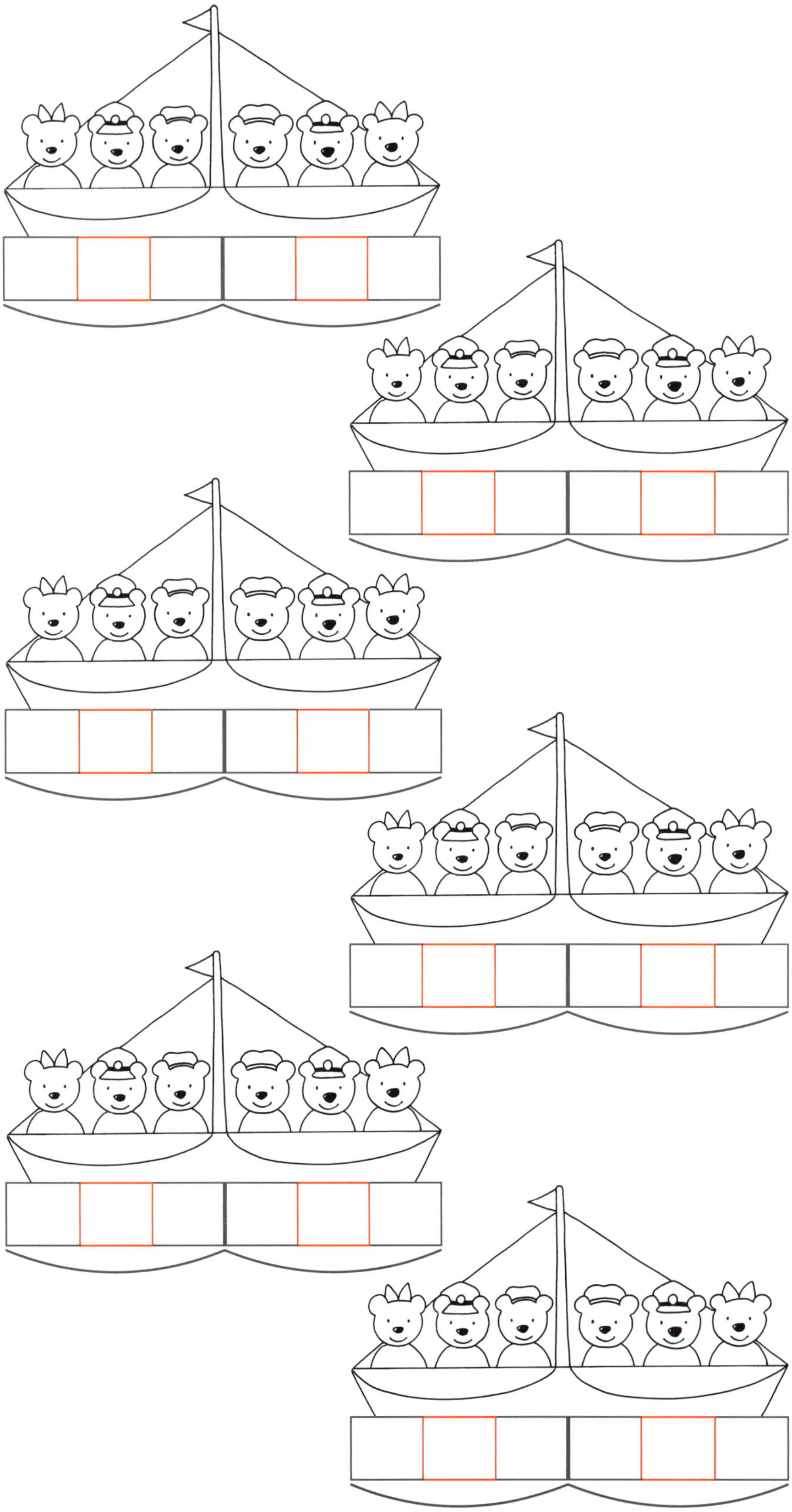

Wörter der Woche

die Soße

die Straße

stoßen

schließen

gießen

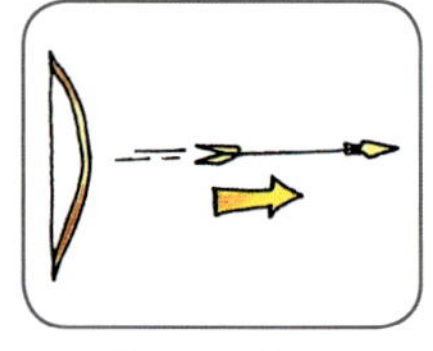

schießen

1. Lies die Wörter der Woche und male die Silbenbögen.
2. Trage die Wörter in die richtigen Kästchen ein.

die Soße

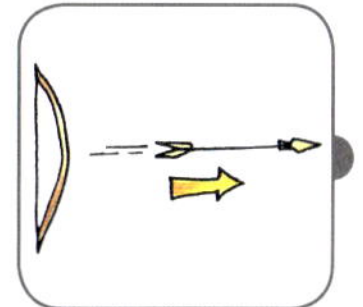

schließen

die Straße

gießen

stoßen

schießen

Knobelsätze

Der Löwe möchte König grün werden.

Joschua fragt hat den Wolf nach dem Weg.

Alexander flüstert seinem Freund ein eine Geheimnis in das Ohr.

Die Wespe fliegt nach Westen und ist schon ganz müde Münze.

Zum Geburtstag bekommt der hat Uhu eine Torte.

1. Lies die Wörter und verbinde sie mit dem richtigen Bild.
2. ★ Lies die Sätze. Streiche das unpassende Wort durch.

Die Wörter der Woche auf Linien 

Soße

Straße

stoßen

schließen

gießen

schießen

Das richtige Wort ankreuzen

- ☐ schießen
- ☐ schieben
- ☐ schielen

- ☐ Straße
- ☐ Schiene
- ☐ Gras

- ☐ Sonne
- ☐ Sorge
- ☐ Soße

- ☐ stehlen
- ☐ Stock
- ☐ stoßen

- ☐ schießen
- ☐ schließen
- ☐ schlafen

- ☐ gießen
- ☐ genießen
- ☐ gehen

1. Schreibe die Wörter der Woche auf die Linien und male die Silbenbögen.
2. ★ Kreuze das passende Wort an.

Das Buchstabenpaar 

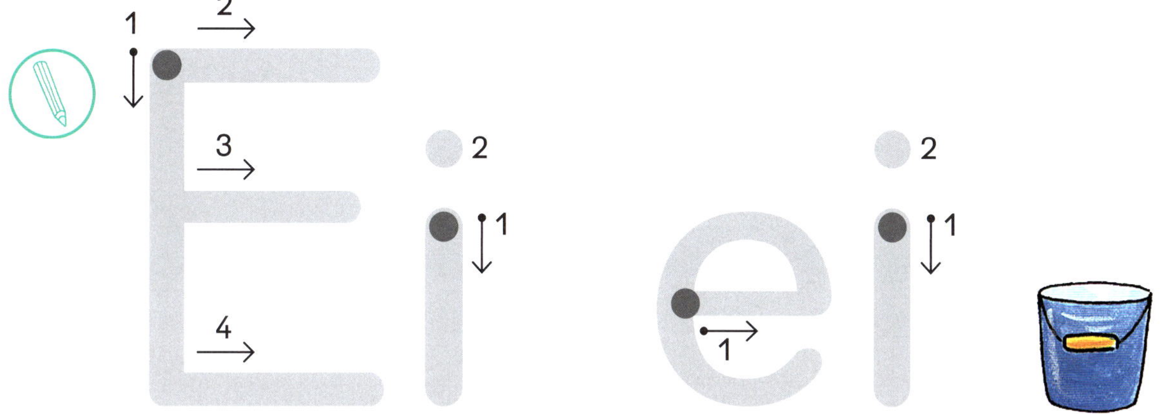

1. Spure das Buchstabenpaar nach, das als Doppellaut ausgesprochen wird.
2. Male und schreibe passende Bilder und Wörter zu dem Doppellaut.
3. Schreibe das neue Buchstabenpaar auf die Linien.

Doppellaute 

Das Bärenboot

Wörter der Woche

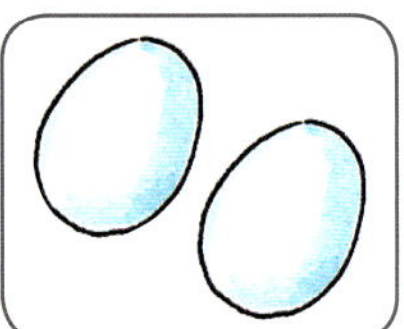

die Eier

der Eimer

die Feier

die Kleider

weinen

schreien

1. Lies die Wörter der Woche und male die Silbenbögen.
2. Trage die Wörter in die richtigen Kästchen ein.

Silben verbinden 

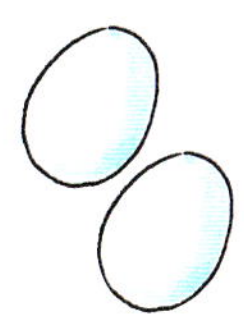 

er

en

er

 wei 

 Fei 

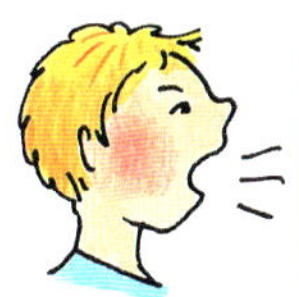 schrei 

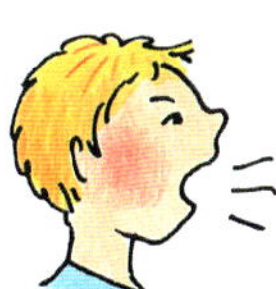 

1. Verbinde die Silben zu Wörtern.
2. Schreibe die Wörter auf die Linien und male die Silbenbögen.

Das richtige Wort ankreuzen

Anne und Mike turnen im ganz Sportunterricht.

Hunde und Katzen sind Tiere Küken.

Pascal hat sich den Arm gebrochen Blüte.

Die Kinder gut sammeln Pilze in einem Korb.

Auf der Erde Samstag leben viele Menschen.

1. Schreibe die Wörter der Woche auf die Linien und male die Silbenbögen.
★ 2. Lies die Sätze. Streiche das unpassende Wort durch.

Das Buchstabenpaar Au au

Au au

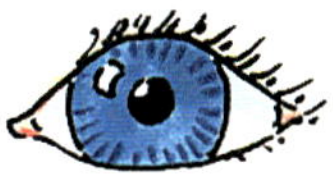

Au

au

Au

au

1. Spure das Buchstabenpaar nach, das als Doppellaut ausgesprochen wird.
2. Male und schreibe passende Bilder und Wörter zu dem Doppellaut.
3. Schreibe das neue Buchstabenpaar auf die Linien.

Doppellaute Au au

Das Bärenboot

Wörter der Woche

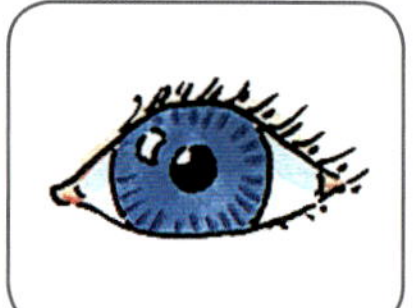

das Auge

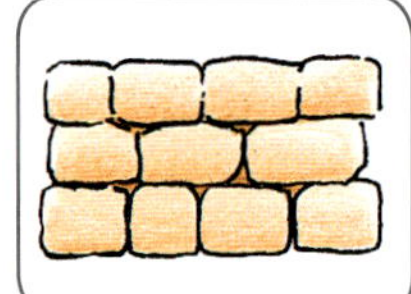

die Mauer

der Bauer

sauer

der Schauer

die Frauen

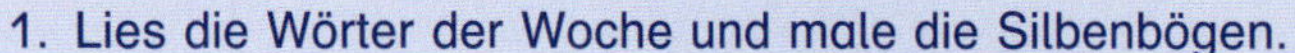

1. Lies die Wörter der Woche und male die Silbenbögen.
2. Trage die Wörter in die richtigen Kästchen ein.

Wörter und Bilder verbinden

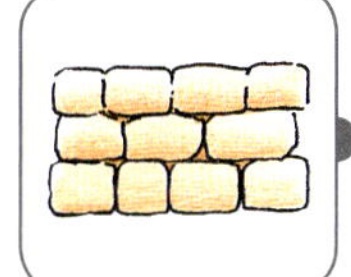
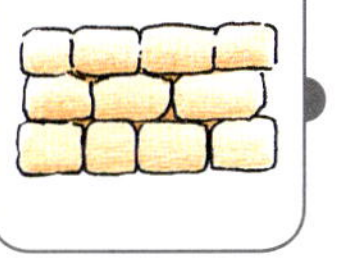

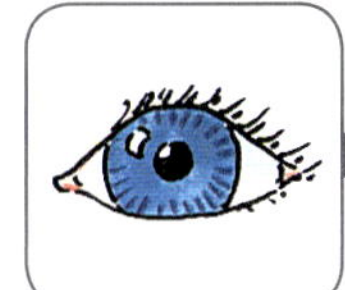

Knobelsätze

Nudeln mit Soße mögen mag die Jungen aus der Klasse besonders gern.

Die Bären freuen sich auf die Fahrt groß auf ihrem Boot.

Tina findet eine Taschenlampe auf dem Dachboden zu.

Fatima und Anna suchen Kleider in einer Name Kiste.

Plötzlich gibt hat es ein starkes Gewitter.

1. Lies die Wörter und verbinde sie mit dem richtigen Bild.

★ 2. Lies die Sätze. Streiche das unpassende Wort durch.

Die Wörter der Woche auf Linien Au au

Auge

Mauer

Bauer

sauer

Schauer

Frauen

Das richtige Wort ankreuzen

- ☐ Frau
- ☐ Frauen
- ☐ Herren

- ☐ Bauer
- ☐ Polizist
- ☐ Förster

- ☐ Bauer
- ☐ Lauer
- ☐ Schauer

- ☐ süß
- ☐ giftig
- ☐ sauer

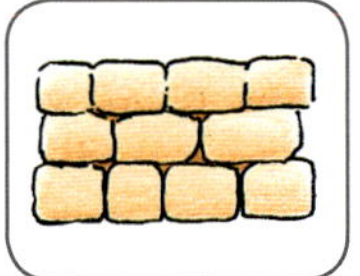

- ☐ Haus
- ☐ Maus
- ☐ Mauer

- ☐ Mund
- ☐ Auge
- ☐ Nase

1. Schreibe die Wörter der Woche auf die Linien und male die Silbenbögen.
2. ★ Kreuze das passende Wort an.

Das Buchstabenpaar Eu eu

1. Spure das Buchstabenpaar nach, das als Doppellaut ausgesprochen wird.
2. Male und schreibe passende Bilder und Wörter zu dem Doppellaut.
3. Schreibe das neue Buchstabenpaar auf die Linien.

Doppellaute 

Das Bärenboot

Wörter der Woche

der Euro

die Eule

das Euter

der Beutel

die Leute

die Beule

1. Lies die Wörter der Woche und male die Silbenbögen.
2. Trage die Wörter in die richtigen Kästchen ein.

Silben verbinden 

	Eu	le		Beu	le
	Eu	ter		Leu	
	Eu	ro		Beu	

1. Verbinde die Silben zu Wörtern.
2. Schreibe die Wörter auf die Linien und male die Silbenbögen.

Euro

Das richtige Wort ankreuzen

- ☐ Eule
- ☐ Euro
- ☐ Eugen

- ☐ Hase
- ☐ Frosch
- ☐ Eule

- ☐ Beule
- ☐ Beute
- ☐ Beutel

- ☐ Kuh
- ☐ Kalb
- ☐ Euter

- ☐ Leute
- ☐ Hunde
- ☐ Katzen

- ☐ Beule
- ☐ Baum
- ☐ Besen

1. Schreibe die Wörter der Woche auf die Linien und male die Silbenbögen.
2. ★ Kreuze das passende Wort an.

Silbengelenke   

Das Bärenboot

T a n n e

Wörter der Woche

die Tanne

die Wolle

die Brille

die Halle

die Tasse

die Klasse

1. Lies die Wörter der Woche und male die Silbenbögen.
2. Trage die Wörter in die richtigen Kästchen ein.

Silben verbinden 

 Tan | le

Hal | se

 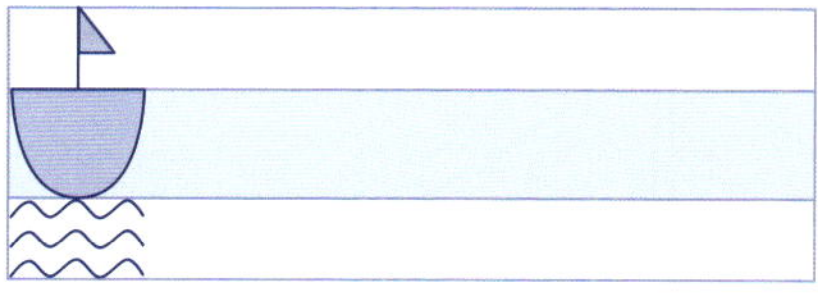

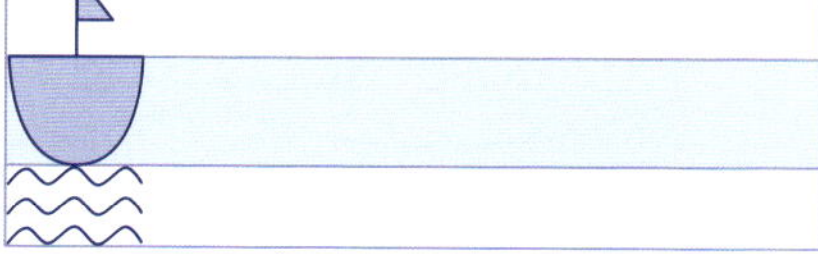

 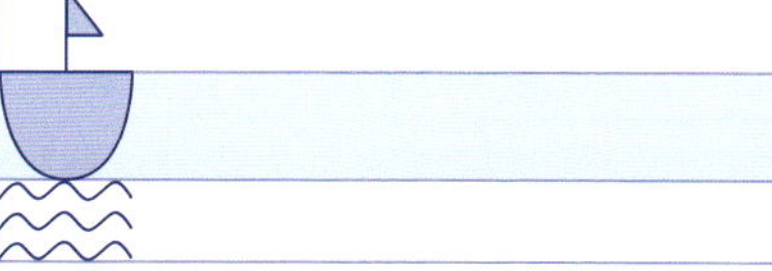

 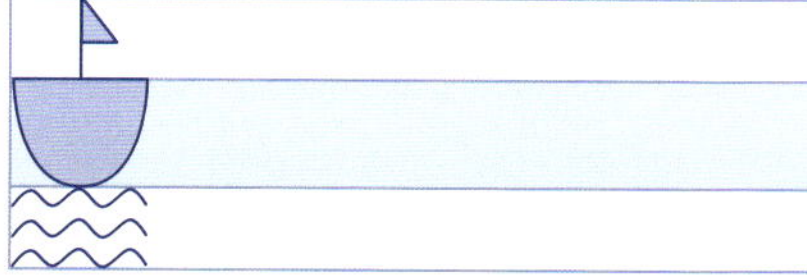

1. Verbinde die Silben zu Wörtern.
2. Schreibe die Wörter auf die Linien und male die Silbenbögen.

Wörter und Bilder verbinden

ss

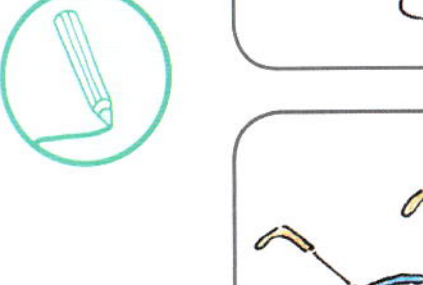

Knobelsätze

Tim entdeckt eine große klein Qualle im Meer.

Unter der Decke liegen sucht viele Stofftiere.

Fritz und Marco haben ihre bunten Socken sagen vertauscht.

In der Pause sagen spielen die Jungen mit den Mädchen.

Im Unterricht backt die Klasse Kekse riesig.

Karl mag gern sehr auf dem Glockenspiel spielen.

1. Lies die Wörter und verbinde sie mit dem richtigen Bild.
2. ★ Lies die Sätze. Streiche das unpassende Wort durch.

Tanne

Wolle

Das richtige Wort ankreuzen

- ☐ Tanne
- ☐ Tonne
- ☐ Tinte

- ☐ Wille
- ☐ Wolle
- ☐ Wolke

- ☐ Brille
- ☐ Biene
- ☐ Banane

- ☐ Höhle
- ☐ Hand
- ☐ Halle

- ☐ Tanne
- ☐ Taste
- ☐ Tasse

- ☐ Kasse
- ☐ Klasse
- ☐ Kleid

1. Schreibe die Wörter der Woche auf die Linien und male die Silbenbögen.
2. ★ Kreuze das passende Wort an.

Die Buchstabenpaare  und 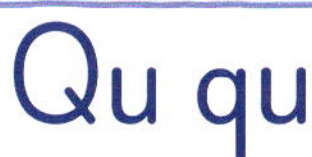

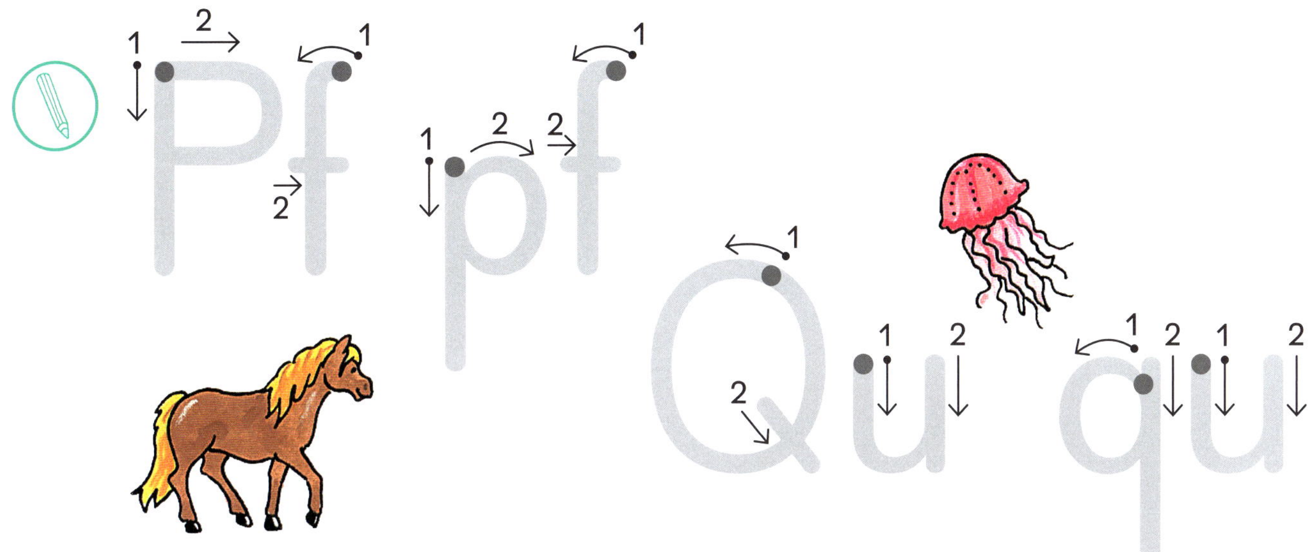

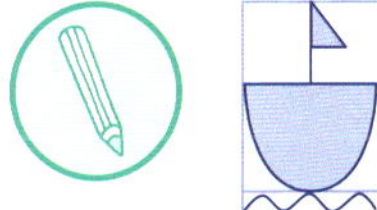

1. Spure die beiden Buchstabenpaare nach.
2. Male und schreibe passende Bilder und Wörter zu den Buchstabenpaaren.
3. Schreibe die beiden neuen Buchstabenpaare auf die Linien.

Silbengelenke

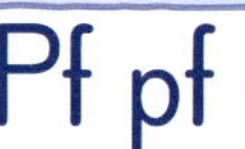

Qu qu

Das Bärenboot

Wörter der Woche

der Pfeffer

die Pfiffe

die Pfanne

die Qualle

die Quelle

die Quitte

1. Lies die Wörter der Woche und male die Silbenbögen.
2. Trage die Wörter in die richtigen Kästchen ein.

Silben verbinden 

Qu qu

 Pfef — ne |  Qual — le

— fer | 

— 

— fe |  Quit — le

1. Verbinde die Silben zu Wörtern.
2. Schreibe die Wörter auf die Linien und male die Silbenbögen.

Die Wörter der Woche auf Linien

Pf pf
Qu qu

Das richtige Wort ankreuzen

- ☐ Qualle
- ☐ Quelle
- ☐ Quatsch

- ☐ Qualle
- ☐ Quelle
- ☐ Quatsch

- ☐ Quiz
- ☐ Quitte
- ☐ Quark

- ☐ Pfeffer
- ☐ Pferd
- ☐ Salz

- ☐ Panne
- ☐ Pfanne
- ☐ Pfeffer

- ☐ Pfau
- ☐ Pfiffe
- ☐ Pferd

1. Schreibe die Wörter der Woche auf die Linien und male die Silbenbögen.

★ 2. Kreuze das passende Wort an.

Besondere Silbengelenke  

Das Bärenboot

D e c k e

Wörter der Woche

die Decke

die Socken

der Schrecken

die Katze

die Hitze

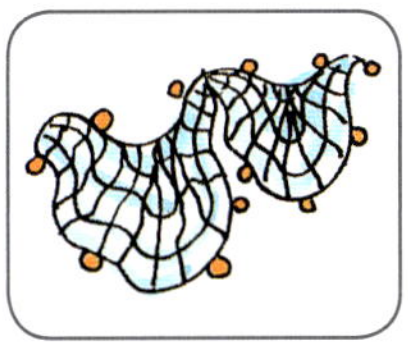

die Netze

1. Lies die Wörter der Woche und male die Silbenbögen.
2. Trage die Wörter in die richtigen Kästchen ein.

Silben verbinden 

So

Schre

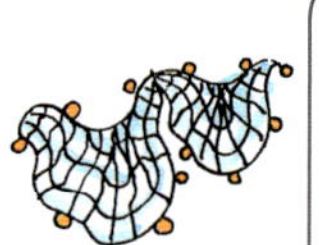
Net

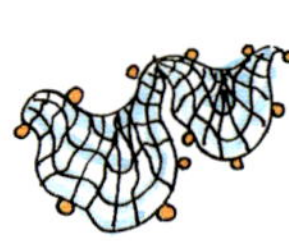

1. Verbinde die Silben zu Wörtern.
2. Schreibe die Wörter auf die Linien und male die Silbenbögen.

Wörter und Bilder verbinden 

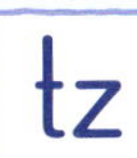

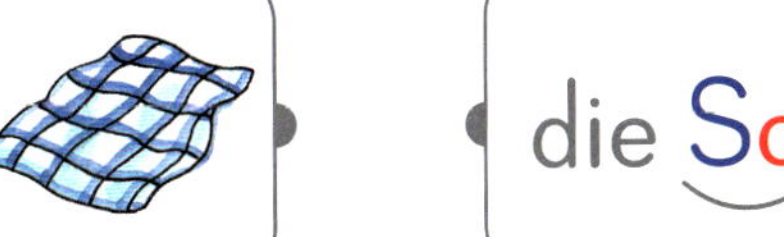

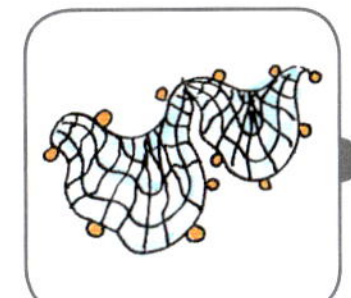

Knobelsätze

Die Kinder in der ersten Klasse können schon alle lesen gut.

Auf dem Schulfest tanzen tanzt Ina und Inga zu Musik.

Leo und Lucy finden eine Höhle auf dem Pausenhof neu.

Sam und John sprechen sehr gut Englisch viel.

Die Lehrerin liest in der Frühstückspause eine neue Geschichte Freude vor.

Der Schulleiter begrüßt die neuen Erstklässler neu.

1. Lies die Wörter und verbinde sie mit dem richtigen Bild.
2. ★ Lies die Sätze. Streiche das unpassende Wort durch.

Die Wörter der Woche auf Linien  

Decke

Socken

Schrecken

Das richtige Wort ankreuzen

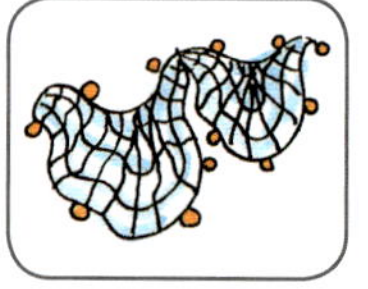

- ☐ Nesseln
- ☐ Nest
- ☐ Netze

- ☐ Witze
- ☐ Hit
- ☐ Hitze

- ☐ Fratze
- ☐ Glatze
- ☐ Katze

- ☐ Dreck
- ☐ Decke
- ☐ Deckel

- ☐ blocken
- ☐ hocken
- ☐ Socken

- ☐ Schrecken
- ☐ Schnecke
- ☐ schicken

1. Schreibe die Wörter der Woche auf die Linien und male die Silbenbögen.
★ 2. Kreuze das passende Wort an.

Besondere Silbengelenke

Das Bärenboot

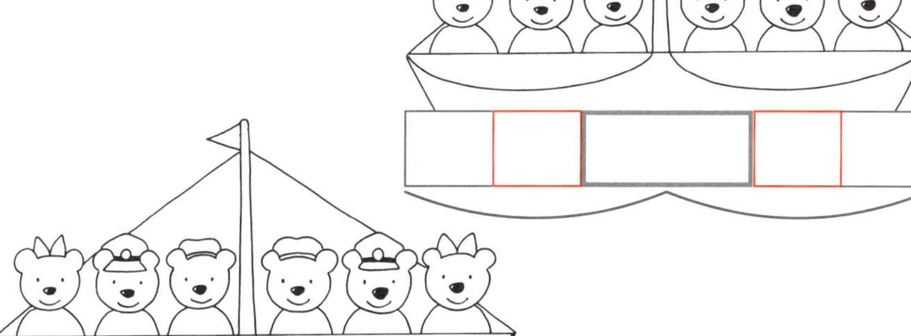

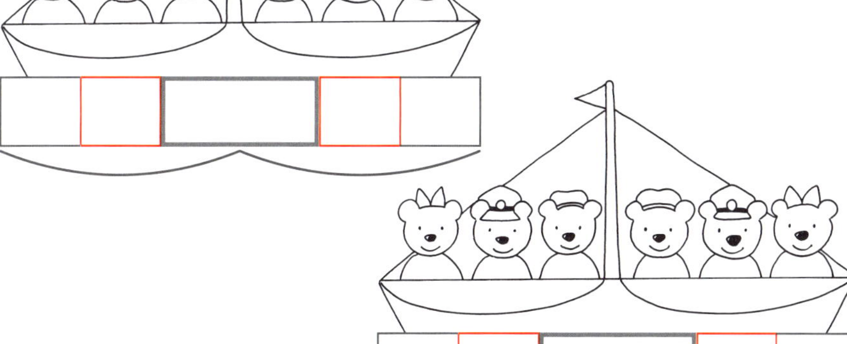

Wörter der Woche

singen

fangen

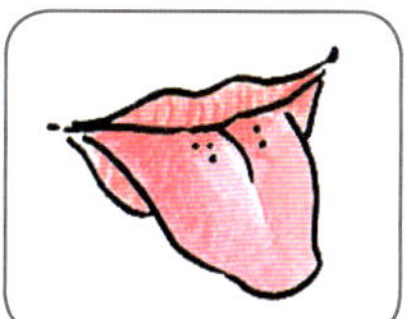

die Zunge

der Tropfen

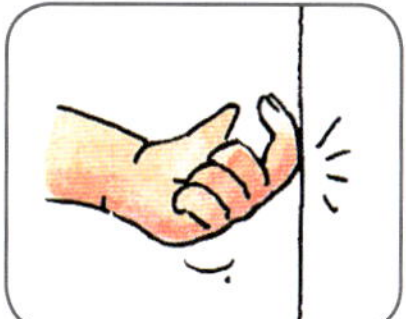

klopfen

der Apfel

1. Lies die Wörter der Woche und male die Silbenbögen.
2. Trage die Wörter in die richtigen Kästchen ein.

Silben verbinden  

 sin gen  Trop 

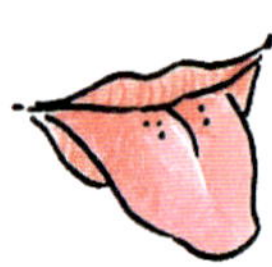 Zun 

 Ap 

  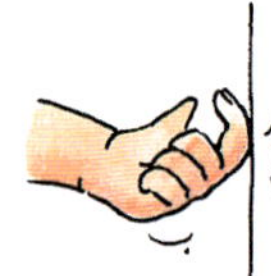 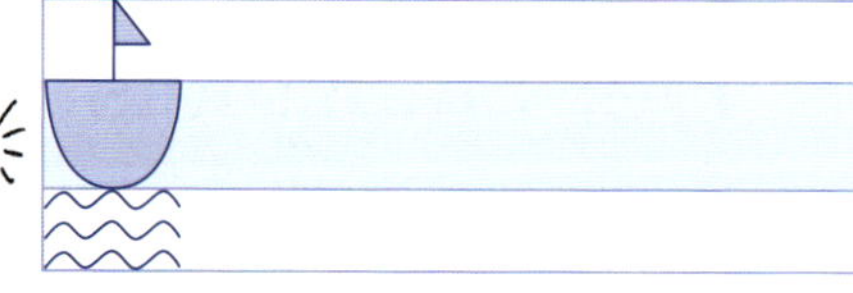

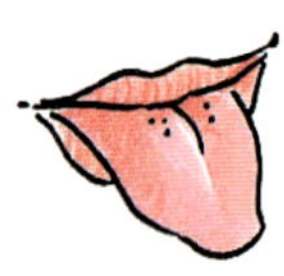 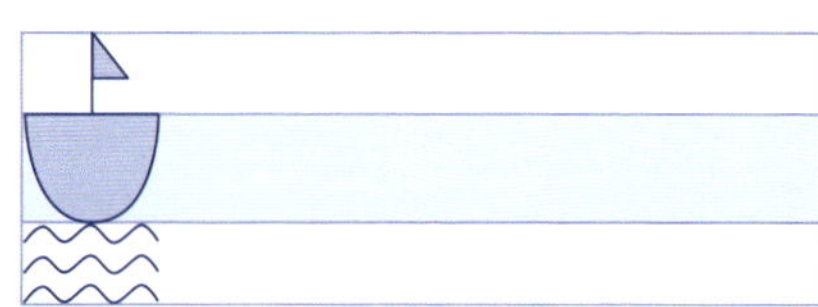  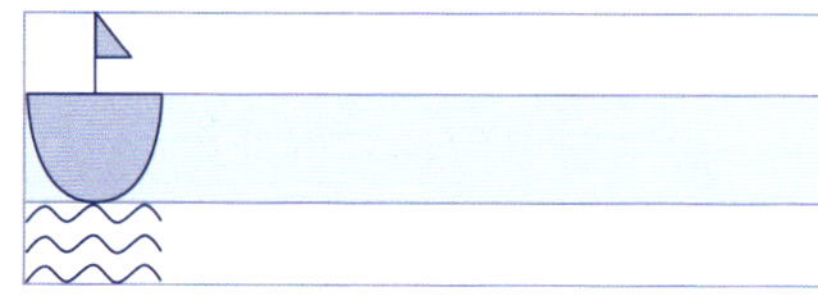

1. Verbinde die Silben zu Wörtern.
2. Schreibe die Wörter auf die Linien und male die Silbenbögen.

Wörter und Bilder verbinden  

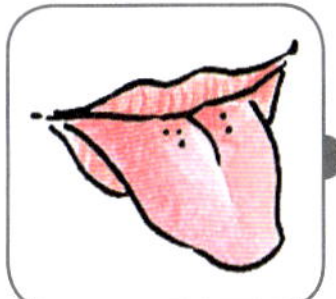

Knobelsätze

Paul und Simone freuen sich auf das neu Klassenfest.

Anton und Linus vertragen sich nach ihrem Streit in der Pause klein.

Der Hausmeister hilft holt den Fußball vom Dach.

Die Kinder aus der Klasse 1b dürfen haben heute ihr Haustier mit in die Schule bringen.

Philipp leiht sich ein neues Bilderbuch aus der Bücherei vor aus.

Justus liest seiner kleinen Schwester aus kommt seinem Lesebuch vor.

1. Lies die Wörter und verbinde sie mit dem richtigen Bild.
2. ★ Lies die Sätze. Streiche das unpassende Wort durch.

Die Wörter der Woche auf Linien 

singen

Tropfen

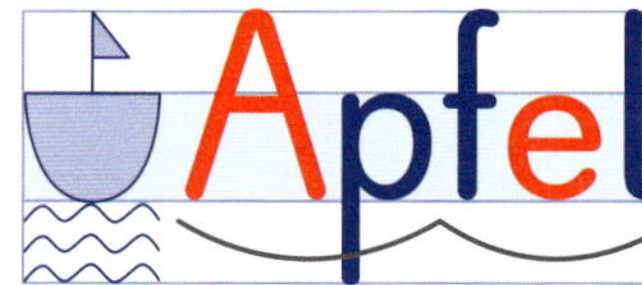

Das richtige Wort ankreuzen

- ☐ sinken
- ☐ singen
- ☐ springen

- ☐ fangen
- ☐ finden
- ☐ faul

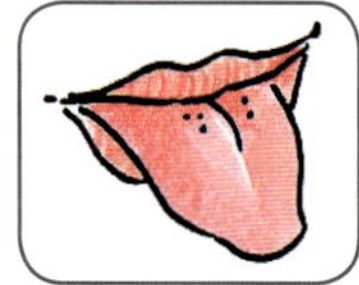

- ☐ Zange
- ☐ Zinken
- ☐ Zunge

- ☐ Tropfen
- ☐ klopfen
- ☐ stopfen

- ☐ klopfen
- ☐ Tropfen
- ☐ stopfen

- ☐ Birne
- ☐ Zitrone
- ☐ Apfel

1. Schreibe die Wörter der Woche auf die Linien und male die Silbenbögen.

★ 2. Kreuze das passende Wort an.

Besondere Silbengelenke

Das Bärenboot

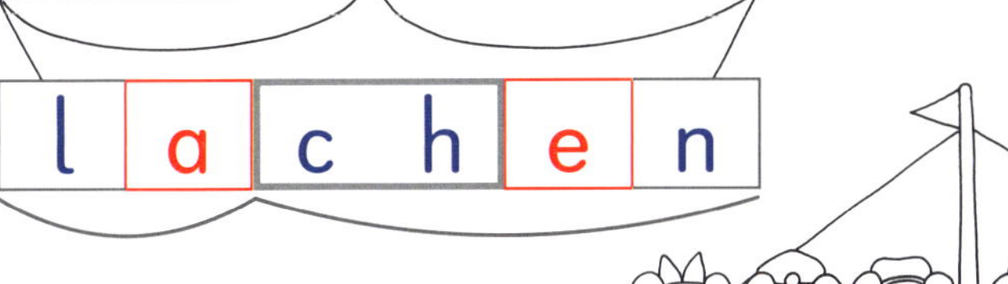

Wörter der Woche

lachen

sprechen

machen

die Lasche

die Fische

die Tische

1. Lies die Wörter der Woche und male die Silbenbögen.
2. Trage die Wörter in die richtigen Kästchen ein.

Wörter und Bilder verbinden ch sch

Knobelsätze

Ali fährt mit dem Fahrrad neu zur Schule.

Im Schulchor lernen die Kinder ein neues Lied alt.

Florian macht seine Hausaufgaben nach der vor Schule an seinem Schreibtisch.

In den Ferien schreibt Petra ihrer seiner Lehrerin eine Postkarte aus dem Urlaub.

Lena ist ein neues Mädchen schön in der Klasse 1a.

Die Eltern trinken Tee und essen reden Kekse in der Pausenhalle.

1. Lies die Wörter und verbinde sie mit dem richtigen Bild.
2. ★ Lies die Sätze. Streiche das unpassende Wort durch.

lachen

sprechen

machen

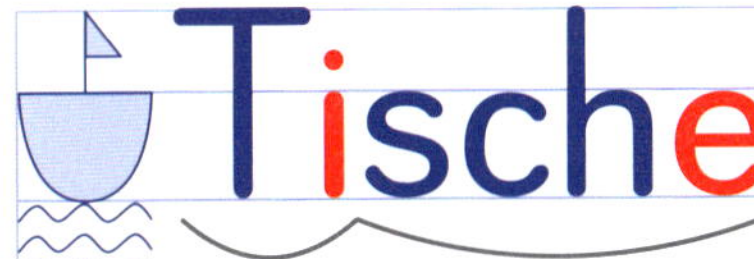

Das richtige Wort ankreuzen

- ☐ lang
- ☐ lachen
- ☐ lochen

- ☐ springen
- ☐ spielen
- ☐ sprechen

- ☐ lachen
- ☐ Drachen
- ☐ machen

- ☐ Tasche
- ☐ Flasche
- ☐ Lasche

- ☐ Fische
- ☐ Fuchs
- ☐ Falke

- ☐ Tante
- ☐ Tische
- ☐ Tee

1. Schreibe die Wörter der Woche auf die Linien und male die Silbenbögen.
2. ★ Kreuze das passende Wort an.

Umlaute: Verwandte Wörter

Wörter der Woche

der Korb

das Loch

das Schloss

die Körbe

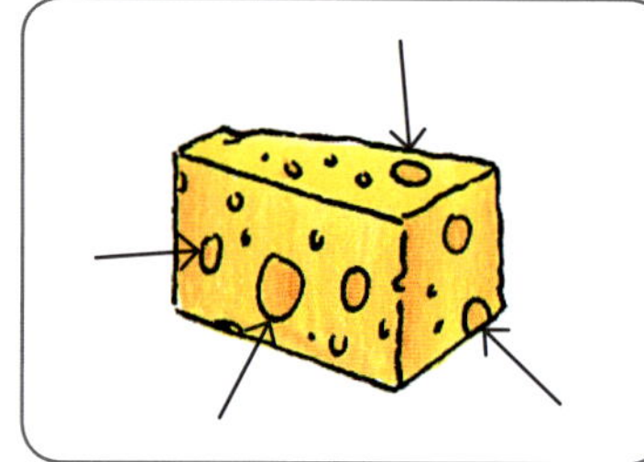

die Löcher

die Schlösser

Einsilber **Zweisilber**

1. Lies die Wörter der Woche und male die Silbenbögen.
2. Trage die Wörter beim richtigen Boot in die Kästchen ein.

Umlaute: Verwandte Wörter

Wörter der Woche

der Schmuck

die Kuh

der Zug

schmücken

die Kühe

die Züge

Einsilber

Zweisilber

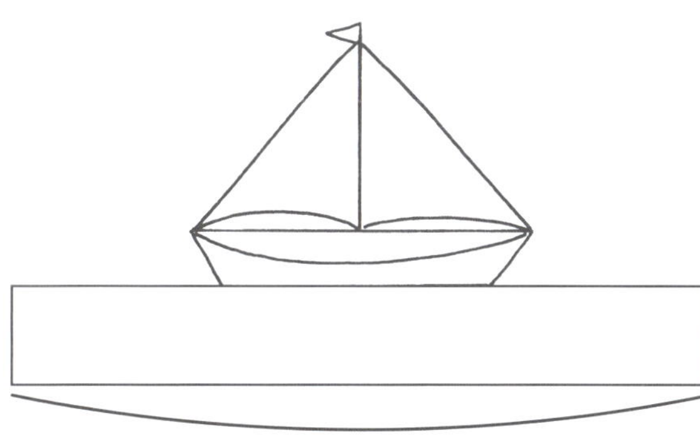

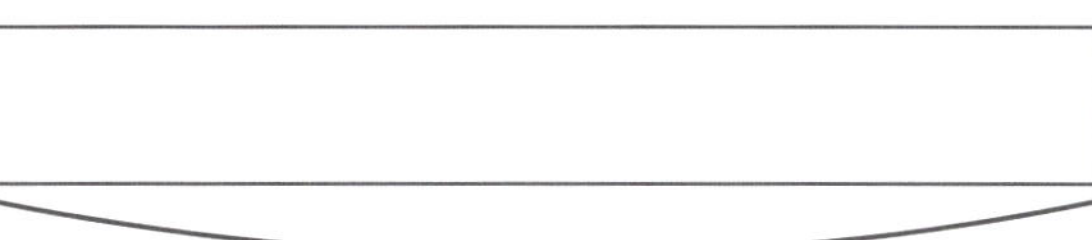

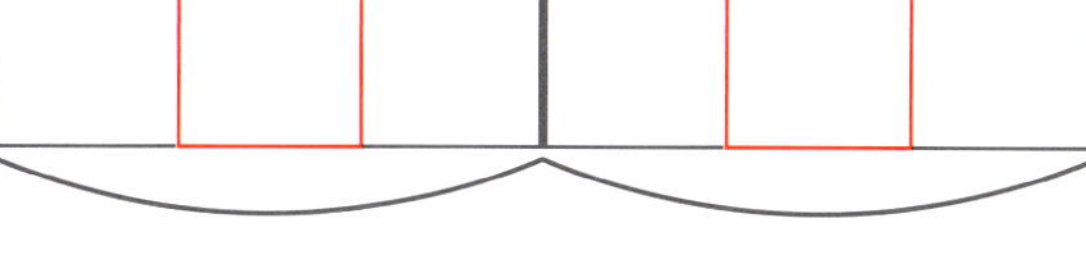

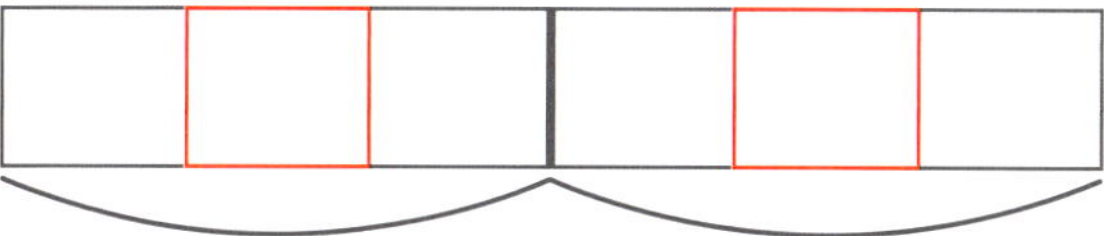

1. Lies die Wörter der Woche und male die Silbenbögen.
2. Trage die Wörter beim richtigen Boot in die Kästchen ein.

Die Wörter der Woche auf Linien 

1. Schreibe die Wörter der Woche auf die Linien und male die Silbenbögen.
2. Unterstreiche die verwandte Schreibung.

Umlaute: Verwandte Wörter 

Wörter der Woche

das Glas

das Gras

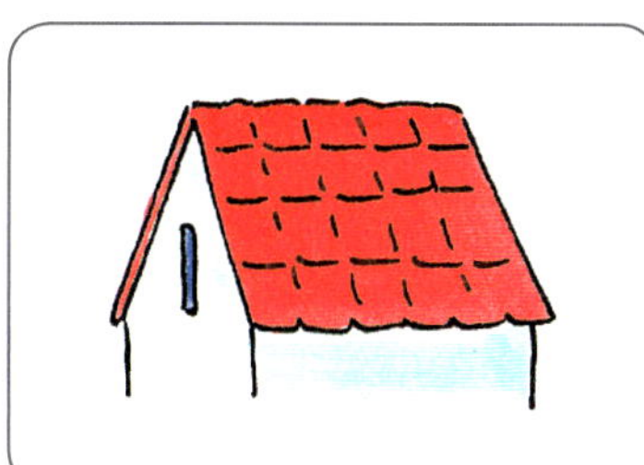

das Dach

die Gläser

die Gräser

die Dächer

Einsilber

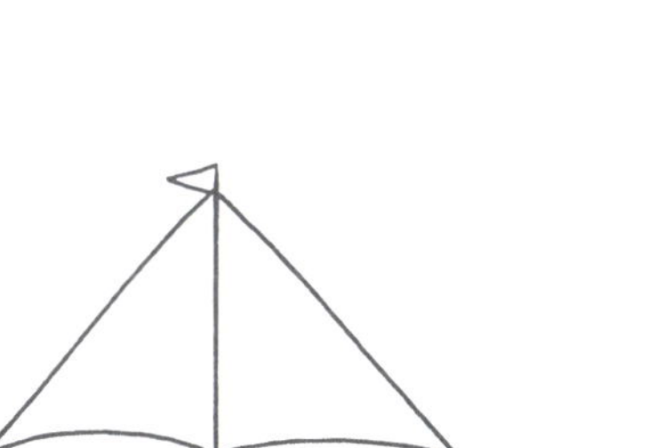

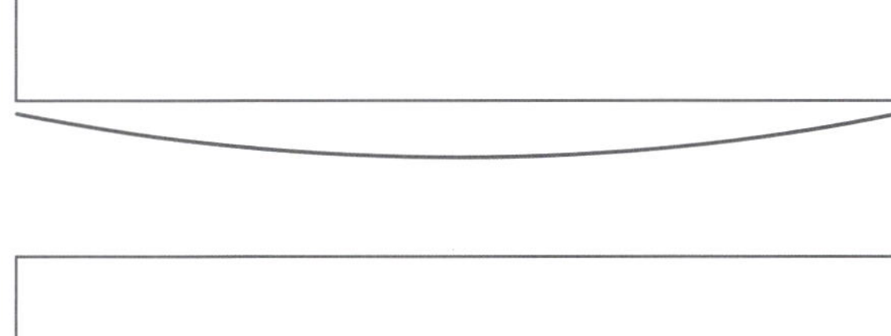

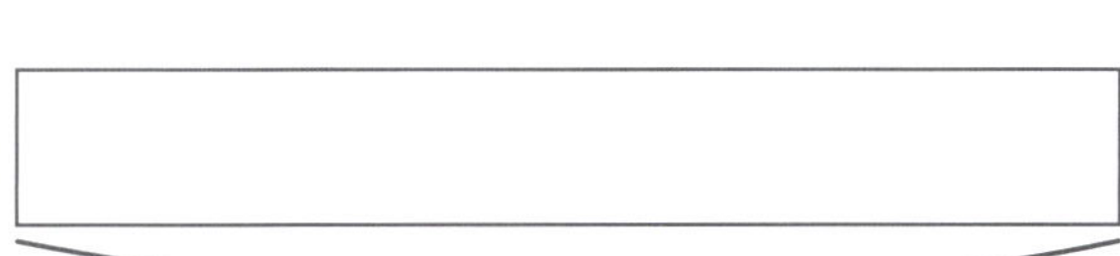

Zweisilber

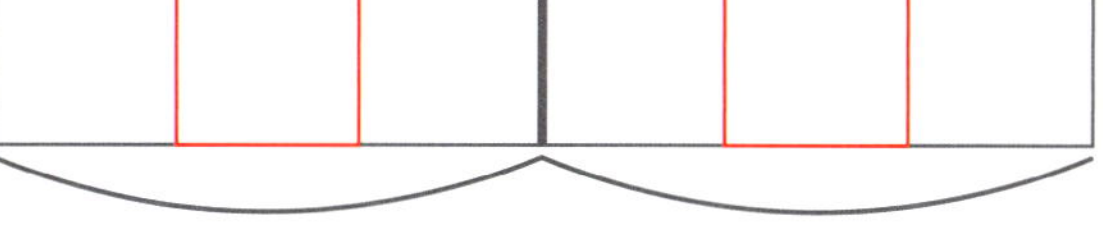

1. Lies die Wörter der Woche und male die Silbenbögen.
2. Trage die Wörter beim richtigen Boot in die Kästchen ein.

Umlaute: Verwandte Wörter 

Wörter der Woche

die Farbe

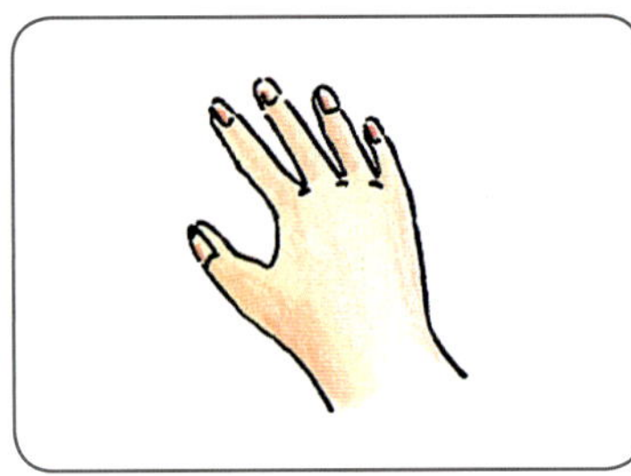

die Hand

das Land

färben

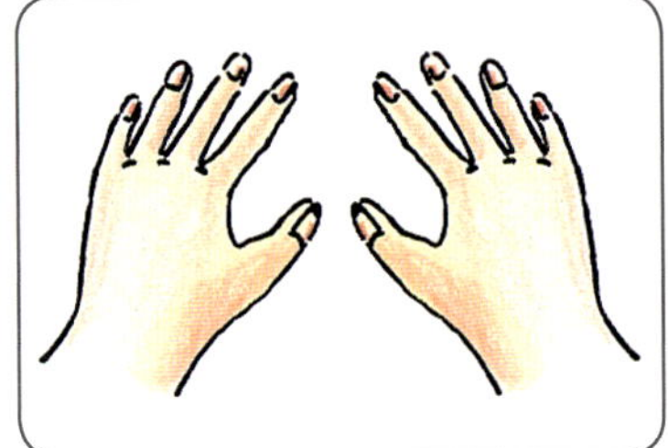

die Hände

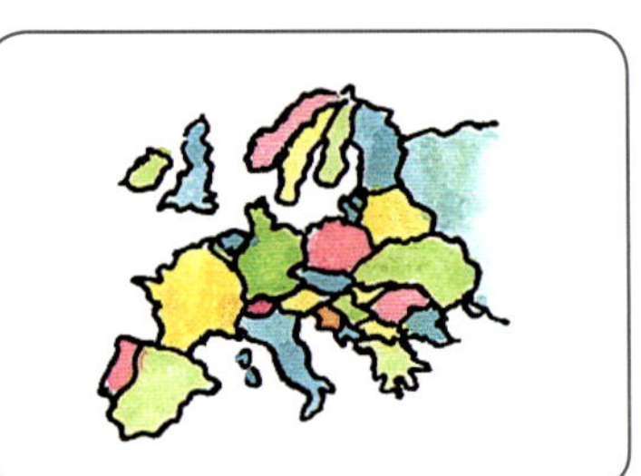

die Länder

Wort mit ä	Verwandtes Wort mit a
färben	Farbe

1. Lies die Wörter der Woche und male die Silbenbögen.
2. Trage die Wörter in die richtige Spalte ein.
3. Male die Silbenbögen bei den zweisilbigen Wörtern

Die Wörter der Woche auf Linien 

1. Schreibe die Wörter der Woche auf die Linien und male die Silbenbögen.
2. Unterstreiche die verwandte Schreibung.

Doppellaut: Verwandte Wörter

Wörter der Woche

die Maus

das Haus

die Laus

die Mäuse

die Häuser

die Läuse

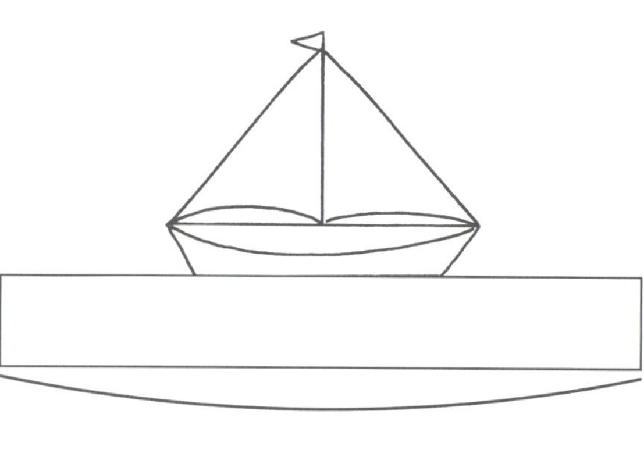

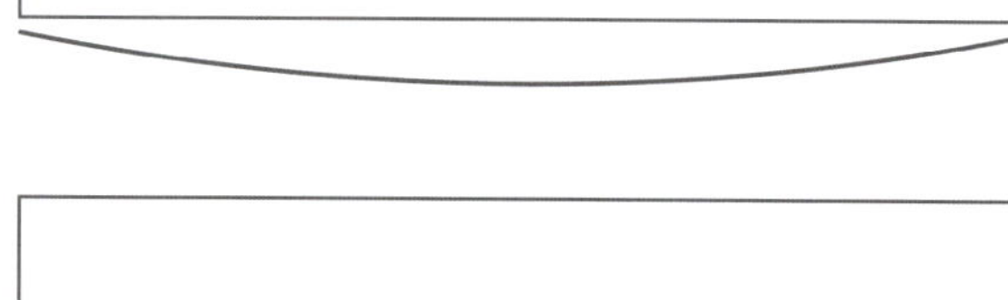

1. Lies die Wörter der Woche und male die Silbenbögen.
2. Trage die Wörter beim richtigen Boot in die Kästchen ein.

Doppellaut: Verwandte Wörter 

Wörter der Woche

der Baum

der Traum

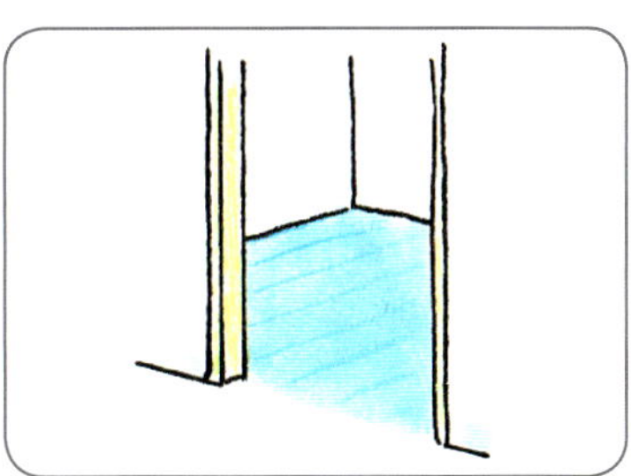

der Raum

die Bäume

die Träume

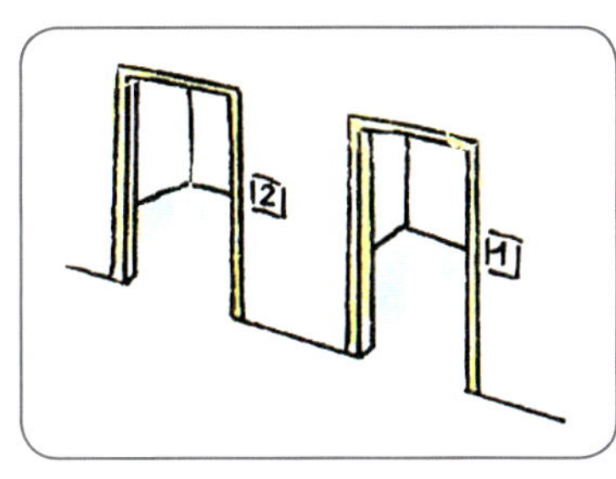

die Räume

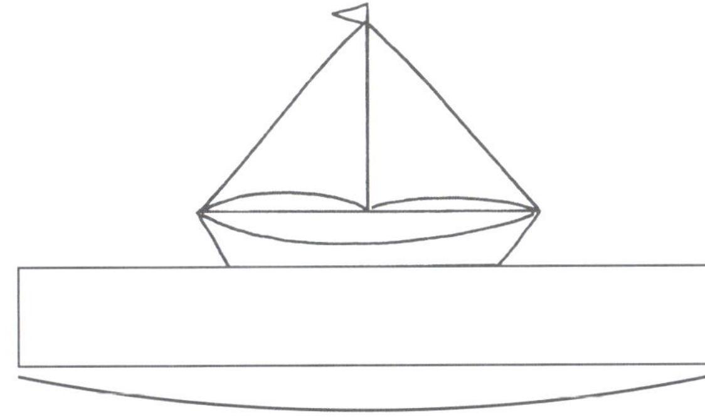

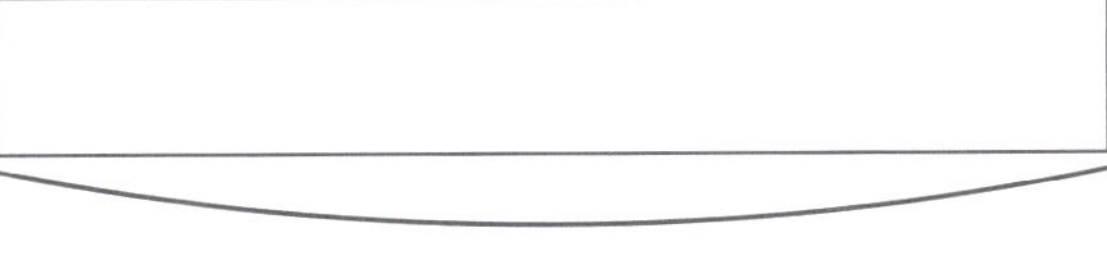

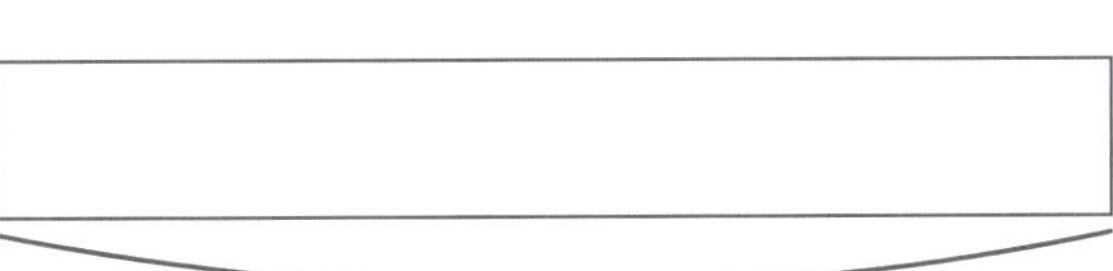

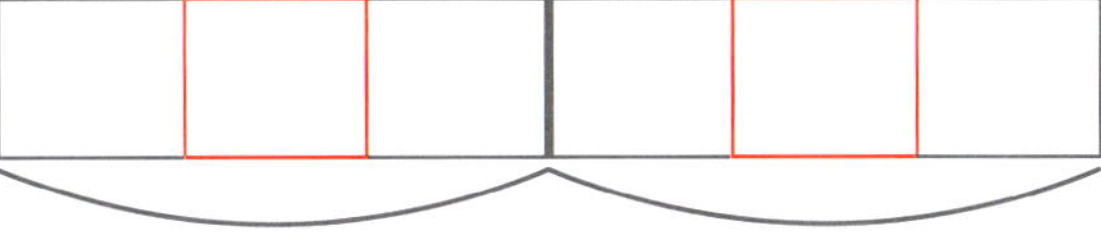

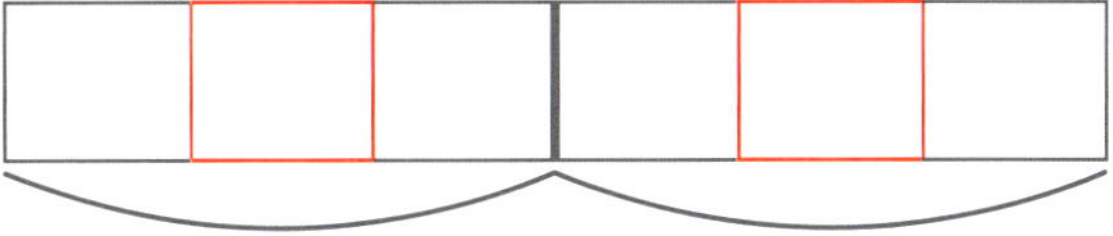

1. Lies die Wörter der Woche und male die Silbenbögen.
2. Trage die Wörter beim richtigen Boot in die Kästchen ein.

Die Wörter der Woche auf Linien

1. Schreibe die Wörter der Woche auf die Linien und male die Silbenbögen.
2. Unterstreiche die verwandte Schreibung.

Der Buchstabe 

1 2 1 2

V

v

V

v

1. Spure den Buchstaben nach.
2. Male und schreibe passende Bilder und Wörter zu dem Buchstaben.
3. Schreibe den Buchstaben auf die Linien.

Wörter und Bilder verbinden 

Die Wörter der Woche auf Linien

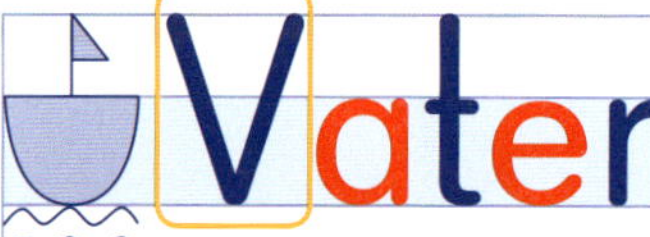

1. Lies die Wörter und verbinde sie mit dem richtigen Bild.
2. Schreibe die Wörter der Woche auf die Linien.
3. Kennzeichne die Merkstelle gelb.

Der Buchstabe 

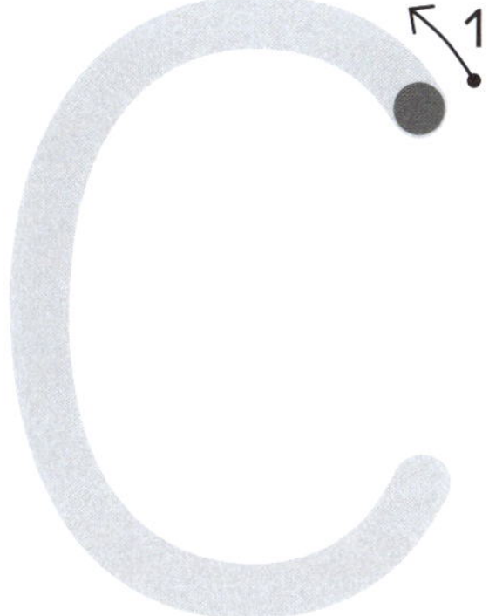

1. Spure den Buchstaben nach.
2. Male und schreibe passende Bilder und Wörter zu dem Buchstaben.
3. Schreibe den Buchstaben auf die Linien.

Computer

Clown

cool

Camping

Cent

Chor

Knobelsätze

Am Computer haben wir viele lange Texte schreibt geschrieben.

In der Schule gibt es einen Chor, in dem viele Noten Kinder singen.

Der Clown mit in der roten Nase tritt im Zirkus auf.

Tim hat fünfzig Cent auf der Straße gelb gefunden.

Carla macht mit seinen ihren Eltern einen Campingausflug.

1. Schreibe die Wörter der Woche auf die Linien.
2. Kennzeichne die Merkstelle gelb.
3. ★ Lies die Sätze. Streiche das unpassende Wort durch.

Die Buchstaben X x und 

X x Y y

X

x

Y

y

1. Spure die beiden Buchstaben nach.
2. Male und schreibe passende Bilder und Wörter zu den Buchstaben.
3. Schreibe die Buchstaben auf die Linien.

Wörter und Bilder verbinden

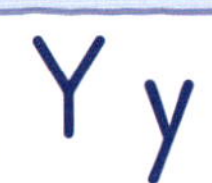

die Yacht

das Yoga

Die Wörter der Woche auf Linien

1. Lies die Wörter und verbinde sie mit dem richtigen Bild.
2. Schreibe die Wörter der Woche auf die Linien.
3. Kennzeichne die Merkstelle gelb.

Die Doppelbuchstaben aa ee oo

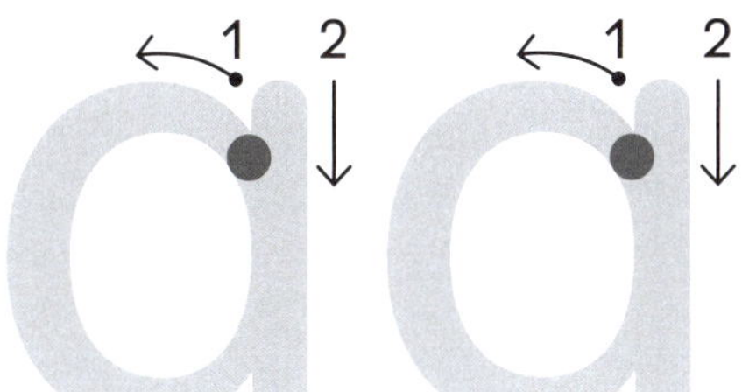

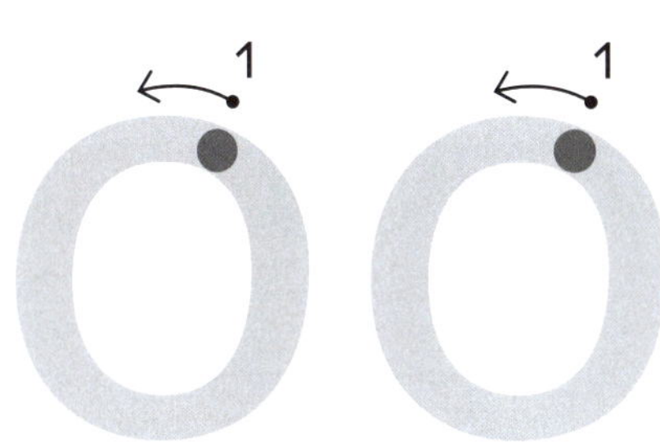

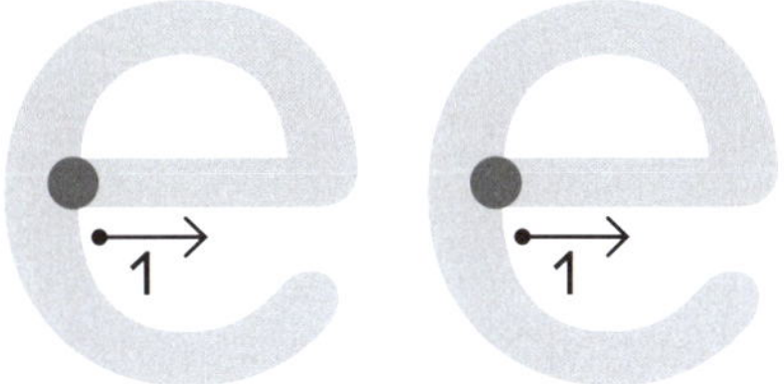

1. Spure die drei Doppelbuchstaben nach.
2. Schreibe die Doppelbuchstaben auf die Linien.

Die Wörter der Woche auf Linien aa ee oo

Waage

Knobelsätze

Der Kapitän trinkt mit Ole Tee auf dem Schiff und.
Tom spielt im Schnee und baut einen Schneemann ohne Hilfe hilft.
Der Elefant lebt mit seinen Freunden im Zoo und wird hat von vielen Kindern besucht.
Auf dem Boot leben sechs Bär Bären.
Zum Wiegen benötigt man zwei eine Waage.

1. Schreibe die Wörter der Woche auf die Linien.
2. Kennzeichne die Merkstelle gelb.

★ 3. Lies die Sätze. Streiche das unpassende Wort durch.